Ein Sherlock des 25. Jahrhunderts

Zwei Kriminalgeschichten von morgen von
David Wright O'Brien

Edition Dornbrunnen

Kleine Dornbrunnen Bibliothek

Übersetzung aus dem Amerikanischen von Johannes Schmidt
(Twenty-Fifth Century Sherlock; The Man Who Murdered Himself)

Korrekturen und Lektorat: Dirk Seliger PEGASAU

Die Deutsche Nationalbibliothek verzeichnet diese Publikation in der Deutschen Nationalbibliografie; detaillierte bibliografische Daten sind im Internet über
http://dnb.d-nb.de
abrufbar.

2022

ISBN 978-3-943275-66-7

Sven-R. Schulz, Dornbrunner Straße 16, 12437 Berlin
www.edition-dornbrunnen.de
Titelgestaltung: Sven-R. Schulz

Druck und Vertrieb: Books on Demand GmbH, Norderstedt
PNKDB12

Inhalt

Ein Sherlock des 25. Jahrhunderts

Angst blitzte durch Doktor Martins Gehirn – blanker, versteinernder Schrecken, der sein Herz gefrieren ließ; und er starb, weil er Angst hatte, 15 cm tief zu fallen.

Der Interplanetarische Inspektor Carson nahm die dicke venusianische Zigarre[1] aus dem Mundwinkel und legte sie mit größter Sorgfalt auf den Aschenbecher neben seinem Ellenbogen. Er streckte seine grobe Hand aus und drückte den Knopf zum Nachrichtenband, das in der Ecke seines Schreibtisches lag. Die Maschine hörte auf zu klicken, und das lange Blatt Papier, das aus ihr in den Papierkorb gespuckt wurde, blieb plötzlich stehen. Carson riss einen Teil der Drucksachen aus der Maschine. Dann stützte er seine Füße auf den Schreibtisch, lehnte sich in seinem verchromten Sessel zurück, seufzte tief und begann zu lesen.

»Verdammt«, murmelte Carson. »Verdammt seien alle Redakteure.«

Da öffnete sich die Tür und Brisk Haynes, Carsons junger Assistent, betrat mit einem breiten Grinsen im Gesicht den Raum.

---

1 Die Erzählung stammt aus einer Zeit, als man noch annahm, dass es auf unseren Nachbarplaneten ähnliches Leben wie auf der Erde geben könne.

»Hallo, Chef«, grüßte Haynes. »Haben Sie die Leitartikel aus dem Nachrichtenband gesehen? Wissen Sie, wie man Sie jetzt nennt?«

»Einen Sherlock aus dem fünfundzwanzigsten Jahrhundert«, murmelte Carson mit offensichtlichem Widerwillen. »Was für ein Blödsinn!«

»Nun, Chef …«, begann der forsche Haynes und genoss offensichtlich das Unbehagen seines Vorgesetzten.

Carson unterbrach ihn: »Alles Unsinn, alles Gerede!« Er erhob sich, um seiner Lieblingsbeschwerde besser Luft zu machen. »Bei der Strafverfolgung gibt es heute nicht mehr Unterschiede als vor sechs Jahrhunderten. Das wissen Sie genauso gut wie ich.« Er wälzte sich wütend hin und her. »Dieses stromlinienförmige Zeitalter macht mich fertig, sage ich Ihnen. Wir sollten Urlaub machen, wir beide. Wir sollten einen abgelegenen Asteroiden finden und dort eine Weile bleiben. Einfach mal alles hinter uns lassen.

Moderne Verbrechensbekämpfung, bah! Man könnte meinen, ich würde mit einem Reagenzglas in der Tasche und einem Chromometer[1] hinter dem Ohr durch die interplanetarische Kette laufen. Man sollte meinen, dass jeder verdammte Wissenschaftler diesseits des Merkur es mir leicht machen würde, den Schuldigen zu finden.

Verdammt«, sagte Carson und machte eine bösartige Verbeugung mit seiner Faust, »ich muss die fortschrittlichsten Methoden des Verbrechens bekämpfen, die die Menschheit je gekannt hat – und das mit nichts anderem als demselben Verstand, den Sherlock Holmes[2], Per-

---

[1] Instrument zur visuellen und spektroskopischen Spezifizierung von Farben u. a. zur Messung der Konzentration von Bestandteilen einer Lösung durch Farbvergleich.

[2] Von Arthur Conan Doyle (1859 bis 1930) erfundene Detektivfigur.

ry Mason[1] und all die anderen hatten. Das macht mich fertig!«

Carson beschloss plötzlich: »Urlaub? Warum nicht, hm? Warum nicht?« Er nahm einen Zug an einer dicken, frischen venusianischen Zigarre. »Lasst uns loslegen!«

Carson und Haynes saßen in ihrem gemieteten Raketenkreuzer. Im hinteren Teil des Schiffes waren genug Utensilien gestapelt, um einen Asteroiden-Campingausflug für einen ganzen Monat auszurüsten. Dort lagen Raumanzüge, Bodenausrüstung und andere Dinge, die den Aufenthalt auf dem gewählten Asteroiden angenehmer machen sollten, aufgehäuft.

Der Interplanetarische Inspektor Carson paffte an seiner venusianischen Zigarre und saß neben Brisk Haynes an den Kontrollpaneelen.

»Das ist das Leben«, sagte Carson. »Ich habe mich nicht mehr so frei und sorglos gefühlt, seit ich ein Frischling bei der Weltraum-Patrouille war.« Er seufzte. »Das waren noch die guten alten Zeiten …«

Haynes warf einen Blick auf das Paneel.

»Wir werden unser Paradies bald finden. Ich sollte besser die Geschwindigkeit reduzieren, damit wir nicht daran vorbeifliegen. Sie müssen wissen, dass es ein winziges Fleckchen ist.«

»Winzig, aber menschenleer«, korrigierte Carson. »Und wie ich das letzte Wort mag!« Er kniff die Augen zusammen. »Verlassen; Ruhe und Frieden; niemand, der einen anderen stört!«

Haynes stieß einen Schrei aus. »Da ist es!« Seine Augen tanzten aufgeregt. »Abwärts jetzt!«

[1] Von Erle Stanley Gardner (1889 bis 1970) erfundene Figur eines Strafverteidigers.

Genau zehn Minuten später landeten sie mit dem kleinen Raketenkreuzer auf dem winzigen Asteroiden. Carson war der Erste nach der Landung, der das Schiff verließ, nachdem er seine Weltraumausrüstung angezogen hatte. Er wartete auf dem holprigen Gelände, als Haynes an der Tür erschien.

»Hey«, rief Carson durch seinen Stimmverstärker, »gehen Sie zurück ins Schiff, Sie Idiot. Gehen Sie zurück und setzen Sie Ihre Polarisationsbrille auf!«

Haynes war nämlich im Begriff, die Schiffskabine ebenfalls zu verlassen. Auch er trug eine Weltraumausrüstung. Aber im Gegensatz zu Carson hatte er keine behandelte Schutzbrille unter der Glocke seines Helms aufgesetzt.

»Wollen Sie in zwei Minuten raumblind werden?«, wiederholte Carson. »Großer Gott, Brisk, gehen Sie zurück und setzen Sie Ihre Polarisationsbrille auf!«

Haynes grinste, schraubte an der Seite seines Glasglockenhelms und rollte dümmlich mit den Augen, um anzuzeigen, dass er verrückt sein musste. Eine Minute später tauchte er wieder auf. Die Schutzbrille deckte seine Augen unter dem Helm ab. In seinen Armen trug er einen Teil der Campingausrüstung.

Carson sprach wieder in seinen Verstärker.

»Lassen wir den Plunder hier, Brisk, und sehen wir uns erst einmal in unserem neuen Zuhause um!«

Haynes nickte und stellte die Ausrüstung auf der Asteroidenkruste zu seinen Füßen ab.

Carson sah sich auf der klumpigen, holprigen Kruste des Asteroiden um. Einige der vorspringenden Erhebungen auf der Oberfläche waren hoch genug, um die dahinter liegenden Bereiche zu verbergen. Er deutete auf eines dieser Gebilde, welches das höchste war.

»Lassen Sie uns auf diesen Brocken klettern«, schlug er vor. »Von dort aus haben wir eine gute Aussicht.«

Haynes lächelte innerlich. Es war typisch für seinen Chef, alle mit Anstrengung verbundenen Angelegenheiten mit so wenig Anstrengung wie nur irgend möglich in Angriff zu nehmen. Der Assistent – selbst etwas moppelig geraten – nickte zustimmend, und die beiden machten sich auf den Weg zum Asteroidenaufstieg. Minuten später standen sie auf dem Gipfel. Carson atmete schwer.

Der Hügel war tatsächlich der höchste auf dem kleinen Asteroiden, und von diesem Aussichtspunkt aus konnten sie die umliegenden Bereiche der Planetoidenkruste sehen. Der gesamte Asteroid konnte nicht mehr als fünf Kilometer im Durchmesser haben. Aber die Sicht erstreckte sich über den gesamten Horizont und war ziemlich klar.

Plötzlich nahm Haynes Carson am Arm und seine Stimme ertönte scharf über den Verstärker.

»Chef! Sehen Sie dort drüben!«

Er zeigte auf einen vergleichsweise flachen Abschnitt der Asteroidenkruste in gut einem Kilometer[1] Entfernung. Eine Kruste, die von winzigen Erhebungen durchzogen war und auf der die Leiche eines Mannes mit einem Raumanzug lag!

Carsons überraschter Ausruf wurde abrupt abgewürgt, als er mit hastigen, ruckartigen Schritten den steilen Hang der Erhebung hinabzusteigen begann. Der etwas flottere Haynes war ihm dicht auf den Fersen, und als sie die flacheren Abschnitte erreichten, war der etwas moppelig geratene Assistent seinem Chef sogar weit voraus.

Haynes erreichte die Gestalt im Raumanzug als Ers-

[1] Im Original steht: »weniger als einer Meile«; und da bei der Übersetzung sonst alle Maße ins metrische System übertragen wurden, so auch hier.

ter und bückte sich gerade neben der Leiche, als Carson schwer keuchend neben ihm stehen blieb.

»Wer ist es? Was, wie …«, begann Carson.

Stirnrunzelnd blickte Haynes auf. »Es ist ein Mann, Chef. Ziemlich alt, und tot.«

»Getötet?« Carsons Frage kam automatisch. Haynes runzelte die Stirn. Er war ein wenig verwirrt.

»Ich weiß es nicht. Ich kann keine Anzeichen von Gewalt erkennen. Sieht aber nicht so aus, als läge er schon lange hier.«

Carson beugte sich jetzt ebenfalls über die Leiche. Haynes hatte sie umgedreht, sodass man das Gesicht sehen konnte. Es handelte sich, wie Carsons Assistent bereits festgestellt hatte, um einen alten Mann im Raumanzug. Seine Augen waren fest geschlossen, und sein Gesicht mit dem grauen Schnurrbart – einem Van-Dyke-Bart[1] – blickte totenstarr. Carson hatte den Raumanzug des Mannes ausgezogen und war gerade dabei, seinen eigenen Raumhandschuh abzustreifen – wobei er sein Fleisch dem leeren Vakuum aussetzte – um festzustellen, wie lange der alte Mann schon tot war.

»Der Körper ist noch warm«, stellte Carson erstaunt fest. Schnell zog er seinen eigenen Raumhandschuh wieder an.

»Ich habe hier außer unserem eigenen Raketenkreuzer kein anderes Schiff gesehen«, schaltete sich Haynes ein. »Wie um alles in der Welt ist dieser alte Mann überhaupt hierhergekommen. Wie, oder warum, ist er jetzt hier?«

Carson stand auf. »Das versuche ich ja gerade heraus-

[1] So wird im englischsprachigen Raum der Knebelbart genannt. Die Benennung geht auf den flämischem Maler Anthonis van Dyck (1599 bis 1641) zurück.

zufinden. Wenn wir uns diesen kleinen, ach so verlassenen Asteroiden genauer ansehen, könnten wir …«

Haynes sah die Veränderung in seinem Gesichtsausdruck. »Was ist …«, begann er.

»Jetzt bin ich mit dem Zeigen dran«, sagte Carson. »Sehen Sie da unten, am Hang des Hügels, sehen Sie ihn?«

Haynes drehte sich um und schaute in die Richtung, in die sein Chef zeigte. »Nun, ich bin ein bisschen verwirrt! Ist das dort ein alenoider[1] Metallschuppen? Ein Anbau an der Seite des Hügels?«

»Vom Gipfel aus konnten wir ihn nicht sehen«, brummte Carson. »Heben wir den alten Mann auf und bringen ihn dorthin. Offensichtlich ist das seine Unterkunft.«

Gemeinsam trugen sie den Körper des alten Mannes über die mehreren hundert Meter, die sie von der neu entdeckten alenoiden Hütte trennten. Sie war an die Seite des Hügels gebaut und muss etwa sechs Meter breit und achtzehn Meter lang gewesen sein. Sie war einstöckig und offensichtlich erst kürzlich errichtet worden, denn das Alenoid glänzte wie neu. Als sie dort ankamen, war die Tür zu der Kabine verschlossen, aber Carson, der Haynes mit der Leiche zurückließ, brach sie auf und verschaffte sich Zugang zur zweiten Tür, die eine Luftschleuse darstellte. Als Haynes die Leiche in die Luftschleuse geschleppt und die äußere Tür verschlossen hatte, hämmerte Carson bereits an die innere Tür.

»Woher wissen Sie, dass da jemand drin ist?«, fragte Haynes. »Der alte Mann könnte hier alleine geschlafen haben«, sagte er.

»Diese Dinger lassen sich nur von innen verschließen«, antwortete Carson.

[1] Fiktives Metall mit futuristischen Eigenschaften.

Dann waren schlurfende Füße und ein Herumfummeln an der Türverkleidung zu hören, und die zweite Tür schwang nach innen auf.

Ein junger Mann mit verschlafenen Augen stand da und betrachtete verwirrt das Panorama vor ihm.

Dann schien er zum ersten Mal die Leiche des alten Mannes zu sehen. Seine Augen weiteten sich vor Entsetzen. »Großer Gott, Doktor Martin!«

Er sprach jetzt mit Carson und Haynes. »Wie, was, wer sind Sie? Wie ...«, brach er verwirrt ab und versuchte offensichtlich, sich einen Reim auf das alles zu machen.

»Sie kennen ihn, hm?«, sagte Carson und half Haynes, die Leiche in die Kabine zu tragen. »Aber selbstverständlich kennen Sie ihn. Vielleicht können Sie uns sagen, wie das alles passiert ist. Wie ist Ihr Name?«

Der junge Mann schob sich eine wilde schwarze Haarsträhne aus den Augen und seine Hand zitterte dabei sichtlich.

»Mein Name ist Brophy. Ich war der Assistent von Doktor Martin. Wir sind erst seit einem Monat hier und wir arbeiten an unserem Experiment. Und wer sind Sie? Wie sind Sie hierhergekommen?« Seine Stimme war heiser und uneben.

»Mein Name ist Carson. Das ist Haynes. Interplanetarische Polizei.«

Sie hatten die Leiche des alten Mannes auf eine Pritsche in der Ecke des Raumes gelegt, und nun standen Haynes und sein Chef dem erschütterten jungen Mann gegenüber.

Haynes fügte hinzu: »Wir sind hierhergekommen, weil wir dachten, der Asteroid sei verlassen. Um Urlaub zu machen sozusagen. Wir wussten nicht, dass noch jemand hier sein würde.«

Der junge Mann, Brophy, hatte seine Fassung einigermaßen wiedererlangt.

Aber nun ergriff Carson das Wort:

»Wie ist das passiert?« Er deutete mit dem Daumen auf die Leiche auf der Pritsche. »Erzählen Sie uns die Geschichte und geben Sie eine Erklärung, wenn Ihnen eine einfällt. Der alte Mann ist noch nicht länger als vierundzwanzig Stunden tot, wenn überhaupt.«

»Es müssen diese Injektionen gewesen sein – vielleicht eine Überdosis«, sagte der junge Brophy verzweifelt. »Ich habe ihn gewarnt, dass er zu viel genommen haben könnte. Aber er hat darauf bestanden. Es ist meine Schuld, ich hätte nicht einschlafen dürfen. Ich hätte ihn im Auge behalten sollen. Aber ich war müde, Gott, war ich müde. Er muss die Hütte verlassen haben, während ich schlief.«

Carson runzelte die Stirn. »Was soll das alles, Mann? Erklären Sie es mir!«

»Das Experiment«, erklärte Brophy schnell, »an dem wir gearbeitet haben. Es ging um die künstliche Stimulation von Phobien, die synthetische Erzeugung von Ängsten. Wir wollten damit die Angstpunkte im menschlichen Geist bestimmen. Das sollte dazu führen, dass wir die Ängste zukünftig beseitigen können. Doktor Martin hielt es für das Beste, wenn wir auf einen isolierten Asteroiden flüchteten, um die letzten Experimente unserer Arbeit durchzuführen. Dazu gehörten Tests mit den Seren, die wir entdeckt hatten. Doktor Martin war nämlich nicht damit einverstanden, sie an jemand anderem als an sich selbst zu testen.«

»Deshalb sind Sie doch hierhergekommen, oder? Wissenschaftliche Einsamkeit, ist es das?«

Brophy nickte. »Ich sollte die Berechnungen fortsetzen, nachdem wir unsere Seren an Doktor Martin ausprobiert hatten. Er sollte damit geimpft werden und ich sollte seine Handlungen beobachten und aufzeichnen.«

»Geimpft mit phobischen Reizen, wie?«, warf Haynes ein.

»Ja, das haben wir in den letzten drei Wochen gemacht. Doktor Martin wollte nicht, dass ich bei den Impfungen ein Risiko eingehe. Er bestand darauf, dass er, und nur er, das Risiko tragen sollte.«

»Risiko?« Carsons Stimme war verblüfft.

»Ja«, antwortete Brophy. »Es war ein gewisses Risiko dabei. Sehen Sie, die Impfung von Phobien bewirkt, dass sich die geimpfte Person seltsam verhält – wie von einer Droge betäubt. Das war zweifellos der Grund, warum Doktor Martin umhergeirrt ist, während ich schlief. Er hat unter dem Einfluss einer Impfung gestanden. Aber ich dachte, er würde schlafen, also riskierte ich es, selbst ein Nickerchen zu machen. Oh mein Gott«, brach die Stimme des jungen Mannes, »ich hätte nicht so egoistisch sein dürfen!«

Carson schüttelte mitfühlend den Kopf. »Es ist nicht alles Ihre Schuld, mein Junge. Nach dem, was Sie sagen, ist er letzte Nacht nur ein paar hundert Meter von der Hütte entfernt weggelaufen und gestorben.«

Haynes unterbrach ihn. »Hatte die Droge irgendeinen Einfluss auf seinen Tod? Das heißt, hatte die Tatsache, dass er sich in diesem Zustand außerhalb der Hütte befand, etwas mit seinem Tod zu tun?«

»Wie haben Sie ihn gefunden?«, fragte Brophy plötzlich.

Carson schloss für einen Moment die Augen.

»Auf einem sehr schmalen Grat; er kann nicht mehr als fünfzehn Zentimeter vom Boden entfernt gewesen sein. Er hatte seine Hände fest an die Seiten der Kante gepresst, so als ob er versucht hat, sich daran festzuhalten.«

Brophys Schluchzen schien dem Jungen das Herz aus dem Leib zu reißen. »Nein! Nein! Das ist zu schrecklich, oh Gott. Das war es also. Es war direkt die Schuld des Serums. Ihm war Höhenangst eingeimpft – sehen Sie das nicht?«

Haynes schnippte mit den Fingern. »Großer Gott, Chef. Höhenangst. Ja, das muss es gewesen sein!« Er erschauderte. »Der alte Knabe ist wahrscheinlich benommen da draußen herumgelaufen und auf diesen halbhohen Vorsprung gefallen. Vielleicht hat er sich eingebildet, hoch oben zu sein, und …« Er wandte sich plötzlich an Brophy. »Wie stark war die Impfung? Könnte die Angst das Herz eines Mannes zum Stillstand bringen?«

Brophy nickte. »Ja.« Seine Stimme war immer noch heiser. »Angst – wenn sie künstlich verabreicht wird – ist natürlich viel stärker in ihrer Wirkung; sie wird auf eine viel größere Stärke gesteigert. Deshalb war Doktor Martin ständig in Gefahr, wenn er nicht beaufsichtigt wurde.«

Carson räusperte sich. »Aber der Vorsprung war nur fünfzehn Zentimeter über dem Boden. Die Impfung würde sein Gefühl für Höhe nicht steigern, stimmt's? Es würde ihn nicht denken lassen, dass er viel höher ist als er ist und die Dinge aus dem Gleichgewicht bringen, oder?«

Der junge Brophy schüttelte traurig den Kopf. »Es ist durchaus möglich, dass es so sein könnte. Ich bin mir da nicht sicher. Aber in unseren Experimenten mit anderen Phobie-Impfungen war das Urteilsvermögen ebenfalls beeinträchtigt.«

»Dann«, sagte Haynes leise, »klärt sich das Bild auf. Der alte Mann schaute fünfzehn Zentimeter nach unten, und es sah aus, als wäre er mehr als einen Kilometer[1] hoch. Seine Angst vor dem, was er für eine enorme Höhe hielt, hat ihn getötet und sein Herz zum Stillstand gebracht.«

Brophy zündete sich mit zitternden Händen eine Zigarette an. »Ich fürchte, das ist die Lösung, meine Herren – eine schreckliche Lösung.«

Seine Schultern zitterten krampfhaft.

»Möglicherweise«, sagte Carson. Brophy sah plötzlich zu ihm auf, und auch Haynes drehte sich zu ihm um. Beide waren erstaunt über das, was sie sahen. Der Inspektor richtete eine Nuklearpistole auf den jungen Brophy.

»Fesseln Sie unseren jungen Freund, Brisk«, befahl Carson Haynes, »und bringen Sie ihn zu unserem Kreuzer. Unser Urlaub wurde soeben durch die unangenehme Aufgabe verdorben, einen Mörder zurück zur Erde zu bringen!«

»Aber, Chef!« Haynes war verblüfft. »Der Junge …«

»Der Junge hat zu viel gesagt. Das ist typisch für Wissenschaftler. Sie müssen die Dinge zu kompliziert machen«, schaltete sich Carson ein. »Fesseln Sie ihn!«

»Vielleicht werde ich ja immer dümmer«, sagte Brisk Haynes zu seinem Chef, als er den kleinen Raketenkreuzer zurück zu einer Raumfahrtbasis steuerte. Ihr Gefangener war sicher gefesselt und lag – völlig unchristlich – im hinteren Teil des Schiffes zwischen der Ausrüstung.

»Vielleicht werden Sie das wirklich«, räumte Carson selbstgefällig ein.

»Aber …«, begann Haynes.

»Hören Sie«, sagte Carson geduldig. »Der junge Brophy hat offenbar gesehen, wie sich unser Schiff dem As-

[1] Im Original steht »eine Meile«.

teroiden genähert hat. Vielleicht hat er den alten Mann ein paar Stunden zuvor getötet, vielleicht auch nur ein paar Minuten. Wie auch immer, er hat uns kommen sehen.

Da er wusste, dass er ausreichend Zeit und den Beweis für die Experimente in der Tasche hatte, holte er Doktor Martin aus der Hütte und ließ ihn am Bergkamm zurück. Er wusste, dass wir ihn dort finden würden, wenn wir landen. Dann ging er zurück in die Hütte und gab vor, zu lange geschlafen zu haben. Das war sein Auftritt, als wir uns bei ihm Zutritt verschafften.«

»Ja, das weiß ich. Aber …«, begann Haynes.

»Nun hören Sie mir mal zu!«, schnauzte Carson. »Wie ich schon sagte, der Bursche hat gewartet, und dann sind wir mit der Leiche aufgetaucht. Er hatte seine Erklärung parat – mit positiven Beweisen, in den Experimenten. Er war fast ein wenig erfreut – obwohl er es nicht zu zeigen wagte – weil wir Zeugen waren. Aber wie alle Wissenschaftler wollte er es zu perfekt machen. Er hätte sagen können, dass der alte Mann sich verirrt hat und einfach da draußen an Herzversagen gestorben ist. Ja, das hätte er sagen können und es wäre völlig klar gewesen.«

»Ja, das hätte er sagen können«, gab Haynes zu.

»Aber er hat es nicht getan. Er dachte, er hätte noch eine viel bessere Geschichte über die Experimente – die tatsächlich stattgefunden haben – und benutzte stattdessen den Hokuspokus mit der Phobie. Dem alten Mann war die Höhenangst eingeimpft worden. Aber der Anblick eines kleinen Abgrunds, der weniger als einen halben Meter tief war, hätte ihn gar nicht umbringen können.«

»Wissenschaftlich gesehen hätte er es aber tun können!«, protestierte Haynes.

»Ja«, stimmte Carson bissig zu, »wenn er es hätte sehen können!«

»Es sehen können?« Haynes schrie fast auf.

»Ja, natürlich. Haben Sie denn nicht bemerkt, dass der alte Mann keine Polarisationsbrille trug, als wir ihn fanden?«

Haynes nickte.

Carson fuhr fort. »Wenn er also keine Polarisationsbrille trug, war er längst weltraumblind, bevor er die Strecke von der Hütte bis zu dem Ort, an dem wir ihn gefunden haben, zurückgelegt hat. Weltraumblind und damit unfähig, irgendetwas zu sehen, schon gar nicht einen winzigen Vorsprung auf einem Bergrücken! Da er ihn also nicht sehen konnte, hätte er nicht gewusst, dass er da war, und seine Angst hätte ihn nicht umgebracht!«

Haynes seufzte. »Okay, wieder richtig.«

Carson grinste. »Da es mir hilft, das letzte Teil des Puzzles für Sie zusammenzusetzen, hören Sie sich auch noch den Rest an. Er wurde getötet, als er an einer schrecklichen Höhenangst litt. Aber nicht wegen der Höhe selbst. Der junge Brophy hat ihm wahrscheinlich gesagt, dass er sich in einer optimalen Höhe befindet, während der alte Mann benommen war, und das war es, was ihn umgebracht hat!«[1]

[1] Die Macht der Suggestion ist erstaunlich in ihrer Bandbreite an Möglichkeiten. Eine hypnotische Suggestion kann eine Person dazu bringen, Befehle auszuführen, nachdem sie nicht mehr unter dem Bann des Hypnotiseurs steht, und das Opfer wird sich keine Frage stellen, warum es den Befehl ausführt. Es scheint also keineswegs unmöglich zu sein, einer Person, deren Geist extrem aufnahmefähig gemacht wurde – wie im Fall von Doktor Martin durch die wissenschaftliche Droge, die ihm von seinem Assistenten injiziert wurde – einen Zustand zu suggerieren, der den Tod durch Herzversagen aufgrund eines Gefühls extremer Angst verursacht. Es ist allgemein bekannt, dass Angst, wenn sie stark genug ist, körperliche Schäden hervorrufen kann, indem sie die normalen Drüsenfunktionen stört. Sie kann leicht das Herz zum Stillstand bringen und zum Tod führen. *(Originale Anmerkung)*

»Das alles beweist, dass Ihr Lieblingsargument völlig falsch ist, Chef«, sagte Haynes triumphierend.

»Welches Argument?«

»Dass die Wissenschaft Ihnen nicht hilft, ein Sherlock des fünfundzwanzigsten Jahrhunderts zu sein. Ohne die Wissenschaft hätten Sie dieses Verbrechen nicht aufklären können!«

Carson lächelte nachsichtig. »Haynes, ist Ihnen nie in den Sinn gekommen, dass der stärkste aller Beweise, den selbst ein Hottentotte hätte finden können – und den Sie übersehen haben – die Tatsache war, dass die Luftschleuse der Kabine von innen verschlossen war? Und dass Doktor Martin deshalb nicht weggelaufen sein kann, während Brophy schlief? Wissenschaft? Nein, mein lieber Haynes, ich wiederhole, keine Wissenschaft, nur etwas Verstand.«

»Wie dem auch sei, Chef«, sagte Brisk Haynes bedauernd, »was auch immer es war, es hat uns den Urlaub verdorben!«

Der Mann, der sich selbst ermordet hat

Der Höhepunkt der Party war der Identitätswechsel durch die Maschine.

»Manchmal«, sagte der interplanetarische Inspektor Carson in den schweigenden Raum, »wünschte ich, ich hätte einen schönen, ruhigen, vernünftigen Job und würde einen Raumtransporter steuern. Diese stromlinienförmige Deduktion macht einen Mann verrückt.«

Schwermütig betrachtete er den Briefbeschwerer in seiner Hand. Das Ding war eine Kuriosität, eine Antiquität – ein winziger, fetter, kleiner Elefant, umhüllt von einer Glasicade mit der Aufschrift

»GOP CONVENTION, 1940«[1].

Carson drehte ihn in seiner Hand und betrachtete ihn wehmütig.

»Ich wünschte, ich könnte fünf Jahrhunderte zurück reisen«, sinnierte er. »Die Jungs hatten es damals leicht, wenn sie es nur gewusst hätten. Perry Mason, Nero Wol-

[1] Kongress der Republikanischen Partei vom 24. bis 28. Juni 1940. GOP steht dabei für *Grand Old Party*. Der Elefant ist im Übrigen das Wappentier der Partei.

fe[1], Nick Carter, ja, sogar Sherlock Holmes – was für ein Glück sie hatten!«

Er seufzte schwer und drückte einen Knopf auf seinem Schreibtisch. Im Nu leuchtete die Licht unter seinem Telaboard karminrot auf und das pausbäckige Gesicht von Brisk Haynes, seinem Assistenten, erschien.

»Ja, Chef«, sagte Haynes fröhlich. »Sind Sie bereit?«

Carson seufzte erneut. »Kann gut sein. Ich habe noch keinen einzigen Ansatzpunkt gefunden, aber das sollten wir bald tun.« Er rieb sich die kahle Stelle an seinem Hinterkopf.

»Ich treffe Sie oben auf der Dachterrasse.« Er drückte auf den Knopf, und das Gesicht seines Assistenten verschwand …

»So wie ich das sehe …«, begann Brisk Haynes, als er und Carson gemütlich im Weltraumzug in Richtung Los Angeles saßen.

»Es gibt nur eine Möglichkeit, die Sache zu betrachten«, warf Carson mürrisch ein. »Wir haben nichts gegen diesen Vogel in der Hand. Wir können zu dem Haus gehen, ja. Wir können eine Überprüfung durchführen, ja. Wir können Fragen stellen, ja. Aber wir werden nichts herausfinden. Und das liegt alles an dieser verdammten, rationalisierten Welt. Ein Haufen fauler reicher Leute feiert eine Party im Haus dieses Dole. Sie trinken ziemlich viel, schlürfen eine importierte Marke von Planetenpunsch und jemand kommt auf die Idee, dass sie Spiele spielen sollten.«

Haynes blieb erwartungsvoll wortlos, obwohl er den Fall genauso gut kannte wie sein Chef.

»Dieser Typ Dole«, fuhr Carson fort, »ist der Präsident

[1] Von Rex Stout erfundene Detektivfigur.

des Weltraumforschungsinstituts. Er erinnerte sich daran, dass das Unternehmen ein neues Mittel gegen Falten entwickelt hat, das sie auf den Markt bringen wollen. Es basiert auf dieser neuen Körperveränderungsmethode.«

»Ja«, stimmt Haynes zu. »Es ist seit fast einem Jahr wissenschaftlich anerkannt.«

»Wissenschaftlich anerkannt«, ahmte Carson ihn nach. »Verdammt, wie ich diesen Satz hasse. Er ist so typisch für die heutige Zeit. Sie entwickeln eine Whosis, die es zwei Menschen ermöglicht, den Körper zu wechseln, und niemand zuckt mit der Wimper. Sie nehmen es einfach als gegeben hin – einfach so.« Er schnippte mit den Fingern.

»Was ist los mit Ihnen, Chef?«, fragte Haynes verblüfft.

Carson warf seinem Assistenten einen bösen Blick zu. Er kramte in seiner Tasche und holte die kuriose kleine Elefantenfigur heraus.

»Dieses Ding«, sagte er, »hat mich krank gemacht. Es hat mir klar gemacht, was für einen Knacks die Idioten damals hatten. Die Wissenschaft, das Leben auf hohem Niveau. Bah, ich habe es satt.«

Haynes schwieg, grinste aber innerlich. Sein Chef war wahrscheinlich der schärfste wissenschaftliche Inspektor bei der interplanetarischen Polizei. Diese periodischen Ausbrüche, in denen er sich nach der »guten alten Zeit« sehnte, waren für ihn nur zum Dampfablassen.

»Also«, fuhr Carson fort und steckte die Kuriosität zurück in seine Tasche. »Dieser Dole – genau wie ich – erinnert sich daran, dass seine Firma große Fortschritte bei der Körperveränderung gemacht hat. Das perfekte Partyspiel für diese faulen Reichen, wissen Sie? Geben Sie ihnen einen Nervenkitzel. Lassen Sie sie mit etwas herumspielen, das bisher nur wissenschaftlich genutzt wurde.«

Haynes nickte. »Ich verstehe.«

»Er ruft seine Labors in New York an«, fuhr Carson fort. »In einer Stunde werden sie die nötige Ausrüstung in Los Angeles haben, damit Dole und seine noblen Kumpels ihre Körper zur Abendunterhaltung umfunktionieren können.« Er schnitt eine Grimasse. »Ideal, um Betrunkene wie sie mit so etwas herumspielen zu lassen.«

»Das muss eine ganz schöne Schweinerei gewesen sein«, sinnierte Haynes. »Das würde ich auch gerne mal ausprobieren. Stellen Sie sich mich in einem anderen Körper vor.«

»Lassen Sie es gut sein«, sagte Carson ätzend. »Es ist so schon schlimm genug.« Dann fügte er hinzu: »Und was das betrifft, so wird es nicht mehr vorkommen. Nicht nach dem, was passiert ist. Ich habe heute Morgen den Erdkommissar kontaktiert und ihn dazu gebracht, Körperwechsel für andere Zwecke als wissenschaftliche Experimente zu verbieten.«

»Spielverderber«, knurrte Haynes.

»Ich habe nur den Fall zusammengefasst«, sagte Carson säuerlich. »Also, um es auf den Punkt zu bringen: Sie bringen das Geschäft mit den Körpermodifikationen auf der Party in Gang. Es ist eine gute Sache. Frau Rujerfitt amüsiert sich prächtig, wenn sie in Herrn Muchdoughs Körper herumläuft. Urkomisch und so weiter. Bis zu einem gewissen Punkt. Und das ist der Punkt, an dem sie die Körper zurücktauschen.«

»Sie haben alle ihre eigenen Körper zurück«, wirft Haynes ein.

»Ja, alle außer Dole und einem anderen Kerl, einem Kerl namens Sturgess. Sie laufen die ganze Zeit auf dem Dachgarten herum. Sie sind beide vollgetankt. Dole ist in Sturgess' Körper und Sturgess ist in Doles Körper. In diesem Moment beschließt Sturgess in Doles Körper, über den

Vorsprung auf dem Dach zu gehen. Dole, im Körper von Sturgess, wettet mit ihm, dass er das nicht kann.«

»Und weiter?« Haynes kannte die Antwort, aber er wusste auch, dass er fragen sollte.

»Er kann es nicht«, stellte Carson lapidar fest. »Während er sich an der Kante entlang hangelt, fällt er herunter.«

Haynes runzelte die Stirn. »Verdammt, jetzt bin ich verwirrt. Wer fällt denn da runter?«

»Sturgess fällt herunter«, sagte Carson. »Sturgess im Körper von Dole. Und das ist das Ende von Sturgess und Doles Körper. Deshalb haben Sturgess und Dole auch keine Möglichkeit, zurück zu wechseln. Deshalb sitzt Dole jetzt mit dem Körper seines Freundes fest. Deshalb müssen wir die Ermittlungen verzögern, denn Dole zieht die Drähte zum Kommissar in Sturgess' Körper, um ihn zu beglaubigen und bestätigen zu lassen.

Haynes seufzte. »Jetzt bin ich doppelt so verwirrt«, sagte er.

»Dann warten Sie, bis wir dort sind«, antwortete Carson …

Carson und Haynes betraten ein paar Stunden später das luxuriöse Arbeitszimmer von Martin Dole. Sie wurden von einem stämmigen venusianischen Hausdiener hereingelassen, der alsbald verschwand und sie allein in dem Raum zurückließ.

»Was für ein Ort«, bemerkte Haynes. »Ich wünschte, ich wäre einer der faulen Reichen. Wenn ich das wäre, würde ich mich zur Ruhe setzen, ein interplanetarisches Kreuzfahrtschiff nehmen und mir ein schönes …«

»Ich war schon einmal hier«, unterbrach ihn Carson. Er betrachtete die Bücherregale, die Trophäen und den Schnickschnack, der an den Regalen hing. »Ich kannte den alten Herrn von Dole, bevor er vor ein paar Jahren starb.« Er runzelte die Stirn. »Ich hätte nie gedacht, dass sein nichtsnutziger Sohn in so einen Schlamassel geraten würde. Aber das ist diese str…«

»… stromlinienförmige Welt«, schloss Haynes grinsend ab.

Carson schaute finster drein, zog seinen Mantel aus und legte ihn auf die Lehne eines Stuhls.

»Ich habe die Frau des jungen Dole noch nicht gesehen. Ich schätze, sie ist ein wenig verunsichert.«

»Ich kann es ihr nicht verdenken«, begann Haynes, »ich weiß, wenn ich …«

Er wurde durch das Geräusch der sich hinter ihnen öffnenden Tür unterbrochen. Sie drehten sich beide um und sahen einen großen, blonden Mann mit Schnurrbart vor sich stehen. Er trug einen schlechtsitzenden Smoking.

»Wie geht es Ihnen«, sagte er. »Sie sind Carson, glaube ich?« Er wandte sich ruckartig an Carson, und sein Gesicht war angespannt.

»Das ist Haynes, mein Assistent«, antwortete Carson. »Und ich nehme an, Sie sind Martin Dole.«

Der große Blonde nickte. »Ja, aber ich sehe seit der Tragödie ein wenig anders aus.«

»Sie meinen, der Körper, den Sie gerade tragen, gehörte einst einem Mann namens Sturgess, ja?«

Dole nickte und wies Carson und Haynes an, sich auf die Stühle gegenüber von ihm zu setzen.

»Ja«, sagte Carson ohne Mitgefühl. »Ich weiß alles darüber. Tolle Party, nicht wahr?«

Die Falten auf Doles Gesicht – oder besser gesagt, auf dem von Sturgess – zogen sich zusammen, und er schluckte nervös. Er sah aus wie ein Mann, der kurz vor einem Zusammenbruch steht.

»Wir haben viel getrunken«, sagte er. Seine Stimme war heiser. »Ich wäre nie auf eine solche Idee gekommen, wenn wir es nicht getan hätten. Ich weiß jetzt, wie töricht, wie schrecklich ...«

»Aber jetzt ist es zu spät«, unterbrach ihn Carson ruhig. »Vielleicht können Sie uns sagen, was auf dem Dach passiert ist.«

Dole schien seine Fassung wiederzuerlangen.

»Sie müssen meine Nerven entschuldigen, meine Herren«, begann er. »Eine weitere Leiche und die Tatsache, dass Ihr bester Freund durch Ihre eigene Dummheit getötet wurde, können einen ganz schön mitnehmen.« Seine Hände zitterten leicht. Er fuhr fort:

»Es war nach unserem Körpertausch. Wie ich schon sagte, hatte ich – wir alle – viel getrunken. Sturgess und ich beschlossen, auf dem Dach etwas Luft zu schnappen. Er war in meinem Körper und ich war in seinem.«

Carson nickte. »Offensichtlich. Sie sind es immer noch.«

»Nun«, fuhr Dole fort, »wir waren dort oben allein und machten uns betrunken über die Unzulänglichkeiten unserer jeweiligen Körper lustig. Ich sagte ihm, dass ich in seinem Körper erkannt hätte, wie gut mein eigener Körper sei, und so weiter und so fort. Er sagte, dass mein Körper nicht so gut mit Alkohol umgehen könne wie seiner. Er sagte weiter, er würde es beweisen, indem er über die Kante ginge. Wir waren betrunken. Ich habe ihn gewähren lassen. Er ist gefallen!« Die letzten Worte von Dole schienen aus ihm herauszusprudeln, und er stützte seinen Kopf zitternd in die Hände.

»Er ist gefallen«, wiederholte Carson, »in Ihren Körper. Sie wurden zurückgelassen, sozusagen gefangen im Körper von Sturgess.«

Dole nickte. »Ich muss diese Angelegenheit aufklären

lassen. Meine Frau und alle meine Freunde wissen natürlich schon Bescheid. Allerdings weiß ich nicht, wie wir uns vor unerfreulicher Öffentlichkeit schützen können. Aber ich muss weitermachen, auch wenn ich jetzt einen anderen Körper habe. Ich habe den Kommissar gebeten, Sie hierher zu schicken, damit Sie den Unfall so gut es geht aufklären können. Wenn Sie wollen, können Sie mit all den anderen Leuten sprechen, die auch auf der Party waren. Aber irgendwie müssen die Dinge in Ordnung gebracht werden. Ich muss …« Er brach ab.

Carson erhob sich.

»Es ist nicht nötig, mit einem von ihnen zu sprechen. Ich habe heute Morgen sechs oder sieben von ihnen per Telaboard kontaktiert. Ihre Geschichten scheinen übereinstimmend zu sein. Der Tod von Sturgess war zweifelsohne ein Unfall. Sie haben Recht, was die Öffentlichkeit angeht, es wird viel davon geben. Es tut mir leid, denn ich kannte Ihren Vater. Aber Sie haben es sich selbst zuzuschreiben.«

Dole nickte.

»Ich weiß, dass ich das habe.« Seine Stimme war ein halbes Schluchzen.

Carson war zu den Bücherregalen gegangen und griff nach seinem Mantel, den er über einen Stuhl geworfen hatte, als er innehielt. Er nahm ein kleines Messer aus dem Regal und drehte es in seinen Händen.

»Ein seltsames Teil«, bemerkte er. »Sie müssen wohl ein Sammler gewesen sein, wie Ihr Vater.«

Dole nickte.

»Das habe ich von Titan«, gab er zu. »Das meiste davon habe ich auf meinen interplanetarischen Reisen mitgenommen.«

Carson nickte, seine Augen suchten das Regal ab, bis er einen kleinen Tonbecher herauszog. Er hielt ihn hoch.

»Das auch, nehme ich an?«

»Ja«, bestätigte Dole. »Ich habe das Ding auf einer Reise durch Juno mitgenommen.« Er sah plötzlich ungeduldig und ein wenig verwirrt aus.

Carson hob seinen Mantel auf, drehte sich um und griff dann wieder nach dem Regal.

»Sagen Sie«, murmelte er, »das Ding ist wirklich seltsam«, und hielt Dole ein Teil entgegen. »Woher haben Sie das?«

Haynes, der an der Tür gewartet hatte, wollte gerade etwas sagen, als ihm die Kinnlade herunterfiel.

Dole war aufgestanden. Er betrachtete den Gegenstand, den Carson in den Händen hielt.

»Oh, das hier«, sagte er achselzuckend. »Es ist ein wenig wertvoll. Ich habe es auf einer Reise durch die Venus bekommen. Er wurde mir von einem alten …«

Aber Dole konnte nicht mehr weiter reden. Carson hatte eine Nuklearpistole aus seinem Mantel gezogen.

»Halten Sie den Kerl fest!«, schnauzte er Haynes an. »Wir werden ihn für den Mord an Martin Dole brauchen!«

Haynes handelte schnell und legte dem Gefangenen nach einem kurzen Handgemenge Handschellen an …

Carson und Haynes saßen im Weltraumzug auf dem Rückweg von Los Angeles. Von Zeit zu Zeit schaute Carsons Assistent ihn mit einer Art spekulativer Ehrfurcht an.

»Das war ein toller Trick, Chef«, sagte Haynes schließlich. »Aber wie zum Teufel haben Sie das geschafft?«

Carson zündete sich eine seiner übel riechenden venusianischen Zigarren an.

»Ganz einfach«, brummte er. »Als ich mich mit den reichen Gaunern, die auf Doles Party waren, in Verbindung setzte, stellte ich fest, dass es einige Verwirrung darüber gab, was während und nach dem Körpertausch geschehen war. Sie waren alle so betrunken, dass alles verschwommen war und alles an ihnen vorbeigegangen war, ohne dass sie es bemerkt hätten. Und dann der Unfall auf dem Dach schien auch viel zu einfach.«

Haynes nickte.

»Eine kleine Überprüfung des Telaboards ergab also, dass dieser Sturgess verrückt nach Doles Frau war und umgekehrt. Sturgess hatte nicht viel Geld, also konnte er sich Doles Frau nicht leisten und sie halten. Sie ist teuer. Der Körpertausch gab ihnen eine Chance.«

»Ja, aber …«, begann Haynes.

»Wie ich schon sagte«, erwiderte Carson mit festem Blick. »Der Körpertausch hat ihnen die Chance gegeben. Sturgess und die Frau von Dole waren ziemlich nüchtern geblieben.

Sturgess war klug. Klug genug, um zu wissen, dass solch ein wilder Plan funktionieren könnte. Also haben er und Dole die Körper natürlich nicht getauscht. Während Dole betrunken war, brachte Sturgess – unter dem Vorwand, den Körper mit Dole getauscht zu haben – Dole auf das Dach und stieß ihn hinunter.

»Sie haben also nicht getauscht?«

»Natürlich haben sie das nicht. Nur die Leute auf der Party dachten, sie hätten getauscht. Sie dachten, Dole sei im Körper von Sturgess. Aber das war er nicht. Es war Sturgess, so wie er es immer gewesen war. Aber jetzt tat er so, als wäre er Dole.«

»Aber wie …«, begann Haynes.

»Hast du nicht zugehört?«, brummte Carson. »Sturgess war schlau, er wusste fast alles über Dole. Alles bis hin zu den kleinsten persönlichen Gewohnheiten. Er muss geahnt haben, dass wir ihn in eine Falle locken wollten, als ich ihn zwang, die Gegenstände auf dem Kaminsims zu identifizieren. Nur Dole wäre dazu in der Lage und könnte sich korrekt an sie erinnern.«

»Aber hat Sturgess sie nicht identifiziert?«, fragte Haynes. »Die ersten, meine ich?«

Carson zuckte mit den Schultern.

»Woher soll ich das denn wissen? Wahrscheinlich hat er sich das alles nur ausgedacht, während er dabei war. Aber als ich ihm das hier zeigte«, Carson kramte in seiner Tasche und holte einen kleinen Gegenstand heraus, »und er so tat, als wüsste er, woher er es hatte, wusste ich, dass es Sturgess war und nicht Dole.«

Haynes betrachtete die kleine Kuriosität in Carsons Handfläche. Es war eine Antiquität, ein kleiner Elefant, der in Glasicade eingeschlossen war. Er trug die Inschrift

»GOP CONVENTION, 1940«.

Carson seufzte.

»Damals hatten sie es leicht – Nero Wolfe, Perry Mason, ja, und sogar Sherlock Holmes!«

Nachwort[1]

Obwohl David Wright O'Brien, gemessen an seinem Alter, ein recht großes Gesamtwerk von mehr als 100 Erzählungen hinterlassen hat, ist er im hiesigen Sprachraum weitgehend unbekannt geblieben. Erst in jüngerer Zeit wurde er von einigen Kleinverlagen entdeckt und hat man erste Erzählungen ins Deutsche übersetzt. So unter anderem auch von der Edition Dornbrunnen in der 2020 erschienenen Mars-Anthologie *Nachrichten vom Mars*, in der die Mitmach-Erzählung *Das Marsproblem* abgedruckt wurde. Dabei handelt es sich um eine besondere Form von Erzählung, die in diesem Fall an einer spannenden Stelle abbricht, und die Leser werden dazu aufgefordert, das aufgeworfene Problem zu lösen und ihre Antwort an die Redaktion des ursprünglichen Herausgebers zu senden.

Aber nicht nur, dass er bei uns nahezu unbekannt ist,

[1] Die Informationen für den hier vorliegenden Artikel stammen im Wesentlichen von Matthias Käther und wurden 2018 im Horrormagazin *Zwielicht* 11 – *Die Horror- und SF-Storys von O'Brien und Yerxa* – (herausgegeben von Michael Schmidt und Achim Hildebrand) und in Pulp Treasures 16 – *David Wright O'Brien. Das Gesamtwerk (https://www.zauberspiegel-online.de/index.php/phantastisches/gedrucktes-mainmenu-147/36001-amazing-pulps-pulp-treasures-16-david-wright-o-brien-das-gesamtwerk)* veröffentlicht.

auch im anglo-amerikanischen Sprachraum war er lange Zeit vergessen und erlebte ein spätes Comeback. Der Grund dafür dürfte allerdings nicht die Qualität seiner literarischen Arbeiten sein, sondern vielmehr in der Tatsache liegen, dass er schon in relativ jungen Jahren als eines der Opfer des Zweiten Weltkriegs aus dem Leben gerissen wurde. Ohne dieses tragische Ereignis wäre er vielleicht sogar zu einem der heute noch bekanntesten Autoren der amerikanischen Fantastik aufgestiegen und sein Name einer der bekanntesten in diesem Genre. So bleibt der Nachwelt nur das, was er tatsächlich geschrieben hat: Ein Potpourri an interessanten Ideen und Geschichten eines jungen, begabten Autors mit viel Fantasie, der ein reiches Jugendwerk hinterlassen hat und dem es leider nicht vergönnt war, schriftstellerisch zu reifen und sich weiterzuentwickeln.

Trotzdem ist das, was er hinterlassen hat, durchaus bemerkenswert, was sicher auch an seinem Umfeld liegt, in das er hineingeboren wurde und aufwuchs.

David Wright O'Brien, geboren 1918 – das genaue Datum scheint derzeit nicht bekannt zu sein – war eine Neffe von Farnsworth Wright (1888 bis 1940), dem damaligen Herausgeber der auf Horror, Fantastik und Science Fiction spezialisierten Unterhaltungszeitschrift *Weird Tales*, einem der bekanntesten und einflussreichsten Pulp-Magazine in diesen Genres. So kam er sicherlich schon früh mit dieser Art von Literatur in Berührung und begann, sich für sie zu interessieren und auch selbst zu schreiben.

Sicherlich wäre es ihm möglich gewesen, seine fantastischen Texte in den *Weird Tales* zu veröffentlichen, doch er entschied sich für einen anderen Weg.

Anstatt sich an seinen Onkel zu wenden, versuchte er, seinen eigenen Weg zu gehen. Dabei stieß er auch auf die

Ziff-Davis Publishing Company, in der verschiedene Magazine erschienen. Darunter etwa das populäre *Popular Aviation* und *Popular Photography*. Im Jahr 1938 erwarb der Verlag dann auch die Rechte für das beliebte *Amazing Stories*-Magazin, welches von Raymond Arthur Palmer (1910 bis 1977) betreut wurde und der sich des jungen David Wright O'Brien annahm, nachdem er dessen Talent erkannt hatte. Zwischen den beiden Männern entstand eine feste Freundschaft, die Letzteren dazu veranlasste, den Hauptteil seiner Erzählungen eben in jenen Magazinen zu veröffentlichen, die Palmer betreute. Neben dem bereits erwähnten *Amazing Stories* war es vor allem das etwa ein Jahr später gestartete, recht ähnlich angelegte Magazin *Fantastic Adventures*, sodass der Hauptteil der herausgegebenen Erzählungen O'Briens zuerst in diesen beiden Zeitschriften erschien.

Der junge Autor erwies sich als ungeheuer produktiv, sodass in manchen Ausgaben gleich mehrere von ihm geschriebene Storys abgedruckt wurden. Vielleicht, um dies ein bisschen zu kaschieren, bediente er sich gleich mehrerer Namen. Neben seinem eigenen Namen benutzte er auch eine Reihe von Pseudonymen, von denen John York Cabot und Duncan Farnsworth die am meisten verwendeten waren.

Schnell erwarb sich der junge Mann eine treue Leserschaft und seine Erzählungen gehörten zu jenen, die die Leser am meisten mochten.

Doch was so hoffnungsvoll begann, fand ein abruptes Ende. Mit dem Eintritt der USA in den 2. Weltkrieg führte der Weg auch O'Brien an die Front. Als Bordschütze in einer Boeing B-17 nahm er auch an Städtebombardierungen in Deutschland teil. Im Dezember 1944 wurde sein Flugzeug in einen Luftkampf verwickelt und so schwer zerstört, dass es aufgegeben werden musste. Von der Besatzung gelang es nur einem Mann, sich zu retten, der Rest der Leute, darunter auch O'Brien, ist verschollen und dürfte gefallen sein.

Damit endete die junge, so vielversprechend begonnene Karriere eines begabten Mannes auf tragische Weise. Was blieb, sind einzig und alleine seine fantasievollen Geschichten, von denen einige erst nach seinem Tod veröffentlicht wurden.

Das vorliegende Bändchen der *Kleinen Dornbrunnen Bibliothek* möchte nun den deutschsprachigen Lesern zwei weitere seiner Texte vorstellen, in denen der Autor unverkennbar in den Spuren von Sherlock Holmes wandert und mit denen er einen Detektiv erschuf, der seine Fälle im 25. Jahrhundert löst.

Der Herausgeber

Im gleichen Verlag in der Buchreihe

Kleine Dornbrunnen Bibliothek

sind erschienen oder in Vorbereitung:

In der Reihe Kleine Dornbrunnen Bibliothek erscheinen Werke der klassischen Unterhaltungsliteratur, die seit vielen Jahrzehnten nicht mehr oder noch niemals in deutscher Sprache verlegt worden sind.

1. *Jules Verne*

   Pierre-Jean
   Eine Erzählung

2. *Alexandre Dumas*

   Der Pfarrer Chambard
   Eine Kriminalgeschichte

3. *Hippolyt Tauschinsky*

   Neues vom Doktor Ox
   Drei elektrische Geschichten

4. *Emilio Salgari*

   Die Wilden von Papua
   Zwei Seemannserzählungen

5. *Sir John Retcliffe* (H. Goedsche)

   Maria, der Ägypterin…
   Eine Novelle und zwei Gedichte

6. *Karl May*

   Nach Sibirien
   Eine Kriminalgeschichte

7. *Edgar Wallace*

   Auf der Strasse nach Witney
   Zwei weihnachtliche Kriminalgeschichten

8. *Paul Grabein*

   Der Vampir
   Eine Erinnerung

9. *Alexandre Dumas* (Sohn)

   Der Gehenkte von la Piroche
   Eine sonderbare Geschichte

10. *Hermann Meynert*

    Der Vampir und die Mumie
    Eine Erinnerung

11. *Edgar Rice Burroughs*

    D. Auferstehung d. Jimber Jaw
    Eine erstaunliche Geschichte

12. *David Wright O'Brien*

    Ein Sherlock des 25. Jh.
    Zwei Kriminalgeschichten von morgen

– Weitere Bände in Vorbereitung –